Réponse

A

CHENU

ET A SES

COMPLICES.

Prix : 15 centimes.

DÉPOT CENTRAL :
Rue de Seine, 47.

1850.

RÉPONSE
A CHENU
ET
A SES COMPLICES.

Un livre publié par les soins de la rue de Poitiers occupe en ce moment l'attention universelle et fournit une abondante pâture à la fringale des calomniateurs de février. Ce livre, écrit par un homme que la police protège contre un homme que l'exil enchaîne, vise au cœur de la République à travers la poitrine de Caussidière. On le jette comme un brûlot au milieu des élections de Paris pour rallier à la réaction des terreurs fantastiques et des crédulités irréfléchies. Nous venons, au nom de la Démocratie, protester contre cet infâme guet-apens. Nous essaierons d'être calmes. La Démocratie commence à s'accoutumer aux injures comme Mithridate au poison, et il ne reste plus d'indignation dans son âme. Les calomnies qu'elle subit depuis dix-huit mois l'ont épuisée, pour n'y laisser de place qu'au mépris. Pourquoi d'ailleurs serions-nous émus lorsque nos adversaires ont pris soin de préparer eux-mêmes notre justification, lorsque nous avons contre leurs outrages d'aujourd'hui, leurs éloges d'hier, lorsque dans les mêmes journaux où ils nous dressent un pilori, ils nous ont de leurs propres mains dressé des autels?

Ce contraste vient à propos pour la défense de Caussidière. Réfuter la calomnie est difficile, impossible souvent. Plus l'imputation est infâme et gratuite, plus on a de peine à la détruire. « La calomnie d'un « être bas et misérable qui s'attaque à un homme élevé, « a dit P. Dugers, est comme le moucheron de la fable « qui vient se blottir dans les narines du lion. L'imper- « ceptible animal fait bondir le roi des déserts; il échappe « à sa griffe par sa ténuité même, il l'exaspère, l'abat, « le brave et finit par le ronger vivant. » Cette comparaison est admirable de justesse. Quel homme de cœur n'en a fait l'épreuve dans sa vie? Pascal qui avait plus d'esprit que nous avouait qu'il ne savait que répondre aux Jésuites qui l'appelaient *Tison d'enfer*. Nous avons éprouvé un instant le même embarras pour Caussidière. Un malheureux qu'il a nourri de son pain, vêtu de ses habits, chaussé de ses souliers, cédant sans doute aux nécessités de la faim, l'a calomnié pour vivre. Il l'appelle voleur, débauché, ivrogne, scélerat, prostitué,... Il invente pour le flétrir toutes les fantasmagories que peut créer une imagination diabolique... Certes, il serait difficile de répondre à tout cela. Que répondrais-tu à qui t'accuserait d'avoir deshonoré ta sœur, vendu ton ami, violé ta mère? L'horreur t'étoufferait. Il est des accusations qu'on ne réfute pas. On les punit, on se soulage en étranglant le calomniateur. Voilà ce qu'on fait quand n l'a sous la main, quand on est libre, à moins que pa un bienfait de la providence, la calomnie ne se tue elle-même comme ces animaux immondes qui meurent en empoisonnant leurs victimes. Il en sera ainsi aujourd'hui, grâce à Dieu. Pour nous et pour le public, le pamphlet signé Chenu n'appartient pas à ce malheureux. L'auteur est ailleurs, il est plus haut. Il s'appelle du nom de toute cette presse devergondée qui se l'est approprié par ses complaisantes citations et par ses commentaires.

Or, que cette presse nous ouvre ses propres colonnes ; qu'elle invoque ses propres témoignages, et, remontant les quelques mois qui nous séparent de Février, qu'elle nous raconte elle-même l'histoire qu'elle écrivit de sa main, au jour le jour, à la clarté des faits, sous la dictée même de la voix publique !

A côté de Lamartine il est un homme qui partage avec lui l'adoration des bourgeois de Paris ; son éloge est dans toutes les bouches, rassure les plus craintifs et répand la paix sur cette capitale où gouvernement, magistrats, armée, lois, tout a disparu. Son nom règne seul et commande la sécurité publique. Lamartine chante sur les trétaux de l'Hôtel de Ville, lui veille et agit. Aux portes des palais on trouve des hommes pieds nus et en haillons qui gardent les trésors des rois fugitifs ; ces hommes sont ses soldats. Les pavés de Février obéissant à sa voix reprennent leur place, les vainqueurs se désarment, les vaincus se relèvent pardonnés. Pas un cheveu n'est tombé d'une tête, pas une goutte de sang n'a coulé, tout est calme, tout est fier, tout est souriant, tout est rassuré. Il a en son pouvoir toutes les forces de la révolution : l'or, la poudre, les canons les gardes prêts à marcher sur un signe de sa main. Il tient les clefs de la ville, et la ville s'endort avec calme, confiante dans sa vigilance et dans sa probité. La nuit, le passant attardé rencontre dans les rues un homme à cheval, le pistolet à la ceinture escorté de deux gardes. C'est lui, c'est Caussidière veillant sur le repos de la cité.

Conspirateur de la veille, traqué dans les faubourgs de Paris comme un brigand, par la police de la monarchie; vieux prisonnier connu de toutes les prisons d'état, frère d'un frère heroïque frappé à Lyon de cinquante coups de baïonette par les soldats du général Aymar ; fils d'un martyr ; blessé lui-même en dix batailles, résumé vivant de toutes les douleurs, de toutes les misères, de tous les ressentiments du prolétariat, sa vieille haine a expiré le jour de la victoire, et voilà comment il s'est vengé !

Telle fut la vie publique de Caussidière ; et encore une fois c'est dans les journaux du temps que l'histoire ira chercher les témoignages de cette abnégation poussée, nous devons le dire, jusqu'à l'oubli d'une juste sévérité ; de cette magnanimité poussée jusqu'à une ridicule chevalerie !

C'est ainsi que pour réfuter l'immonde pamphlet, nous n'avons purement et simplement qu'à ouvrir les journaux contemporains des faits imputés à Caussidière. On l'attaque, c'est le *Constitutionnel* lui-même qui nous fournit la défense. On l'accuse, le *Corsaire* ne nous laisse que la peine d'aller chercher dans ses colonnes la réfutation et l'apologie. Que pourrions-nous trouver de plus concluant ?

Comment pourrions-nous mieux plaider la cause de l'accusé absent? Ah ! non, certes, ce n'est pas de la colère que nous avons ressentie en remuant dans la poussière des bibliothèques ces tristes monuments d'une époque si près de nous; c'est une navrante pitié, c'est un amer mépris pour l'espèce humaine. Nous les livrons à la moralité publique, qu'elle prononce ! Devant ces cyniques contradictions, devant ces misérables palinodies, devant ces irrécusables témoignages de la lâcheté de nos insulteurs, qu'avons-nous besoin de défendre Caussidière? Michel de Bourges disait à la Cour des Pairs cette parole qui s'écrira un jour en letres de sang : » *L'infamie du juge fait la gloire de l'accusé.* »

Nous n'avons pas besoin de justifier l'accusé, nous démontrons l'infamie des juges. Pourquoi chercherions-nous à réfuter en détail les allégations du pamphlet de la rue de Jérusalem? Cela se réfute tout seul. Caussidière, au dire des auteurs du livre de M. Chenu, était à la tête d'une bande de brigands capables de tous les crimes. Qui l'empêchait alors de donner libre carrière à la soif de sang qu'on lui suppose, et de se faire avec l'or, les femmes et le vin des aristocrates, une orgie digne de lui et de ses sacripans? Qui l'empêchait de faire vider par quatre hommes les coffres de Rothschild, de Fould, de Delamarre et de tous les banquiers de Paris? Qui l'empêchait de faire jeter par leurs fenêtres les écrivains des journaux réactionnaires ? de faire briser, comme vous l'avez fait au 13 juin, les presses de vos imprimeries? de vous faire traîner tous le long des ruisseaux des faubourgs? de donner en spectacle à la population, votre couardise, vos lâches terreurs, vos visages blêmes, et de venger par votre ignominie publiquement flagellée, ses tortures de vingt ans, vos trahisons et vos forfaits ?

Dites-moi, soldats de plume, quels sont ceux de vous qui seraient venus lui barrer le chemin? Misérables! quatre républicains seraient entrés chez vous, vous demander vos femmes et vos filles, que vous les auriez livrées de vos propres mains en remerciant de l'honneur fait à votre maison ! Les vôtres les ont bien livrées aux Cosaques en 1815, si bien que parmi vous et vos frères, il y en a la moitié qui sont des bâtards. Je vous entends: vous criez à l'infamie ! mais relisez-vous donc, je le répète, car là est toute notre défense, plus triomphante que tous les discours ! Relisez ce qui vous écrivî-

tes vous-mêmes sur cet homme aux jours où il fut puis-
sant.

Eh quoi! vous n'avez pas songé que plus vous le faites
vil et méprisable aujourdhui, et plus vous dénoncez votre
lâcheté d'hier! Ce bandit vous l'avez encensé, vous avez
adoré ce scélérat, vous avez été amoureux de ce César ivrogne, vouz l'avez comblé de madrigaux comme
une maîtresse, vous avez rampé aux pieds de ce chena-
pan devenu votre caprice! Paris, épris de ses vertus ci-
viques, l'a couronné de *cent quarante mille suffrages* au
premier rang de ses représentants! S'il lui eut pris fan-
taisie de mettre au concours, comme le César romain,
la recette d'un turbot à cuire, les rédacteurs du *Corsaire*
auraient tous brigué l'honneur de la sauce en prose et
en vers... Mais vos pères du moins trahissaient, conspi-
raient, se battaient, ils avaient le courage de s'en aller
demander l'aumône à l'étranger plutôt que de s'age-
nouiller lâchement devant les vainqueurs! Vous ne valez
pas même vos pères qui savaient porter une épée. Nous
serions le plus avili des peuples si la virilité de la démocratie populaire, si l'énergie du paysan et de l'ou-
vrier, dont les veines ont gardé pur le sang de la France
n'étaient là pour sauver la race et l'honneur! Écrivains de raccroc, barons du lansquenet, ruffians de
journaux et de ruelles, chevaliers désargentés deve-
nus des chevaliers de police, insultez la Révolution qui
oublia de vous envoyer aux galères, vous finirez enfin
par nous donner de la mémoire!

Extraits du *Constitutionnel* :

Voici ce que ce journal pensait de Caussidière le 17
mai 1848 :

« Il a fait disparaître en quelques jours les barrica-

« des, assuré l'approvisionnement de Paris, fait baisser
« le prix du pain, empêché le vol et le pillage, protégé
« les pauvres et les riches. Il a obtenu ce résultat par
« la prédication, par sa grande influence sur sa milice
« irrégulière, par ses montagnards. S'il eût été secondé,
« quand les pétitionnaires factieux de la journée d'hier
« se sont présentés aux portes de la représentation na-
« tionale, il eût été les haranguer, il en eût fait entrer
« cinquante dans la Chambre, et tout se fût passé le plus
« paisiblement du monde.

« Cinquante dans la Chambre ! mais le décret, ce dé-
« cret d'il y a quelques jours qui interdit l'introduction
« de non-représentants dans l'enceinte de la représen-
« tation. Eh mon dieu ! qu'importe la violation d'une loi
« à M. Caussidière, s'il atteint son but? Il vous le dit
« lui-même, Il fait de l'ordre avec du désordre. »

Le lendemain de l'élection de juin 1848 le *Constitutionnel* s'exprime ainsi sur Caussidière :

« M. Caussidière est le caprice, la faiblesse de la po-
« pulation parisienne, et nous ne sommes pas fâchés de
« le voir arriver à la Chambre. »

A l'occasion de la proclamation de Caussidière, le
Constitutionnel dit, dans son n° du 5 mai 1848 :

« Le langage de M. Caussidière est plus ferme et plus
« sympathique. Il répond, il est vrai, presque directe-
« ment à l'affreux cri de guerre civile parti d'un club.
« Ces provocateurs téméraires, il les appelle des traî-
« tres, des insensés qui veulent amener dans l'ordre
« matériel le désordre de leur esprit ; un grand amour
« pour la République, une grande horreur pour la divi-
« sion armée des citoyens les uns contre les autres, de
« la fermeté contre les ennemis de la paix publique,
« Voilà les sentiments qui sont recommandés dans la
« proclamation de M. Caussidière. »

Extraits du *Corsaire* :

« Il y a treize ans le citoyen Caussidière, aujourd'hui
« délégué du gouvernement provisoire au département
« de la police, était président de la société des Droits de
« l'Homme à Saint-Etienne. Quand Lyon se leva pour
« la dernière fois à la voix de Beaune. Lagrange, Mar-
« tin et Reverchon, Marc Caussidière et son frère sou-
« levèrent Saint-Etienne. Le mouvement ayant été com-
« primé, les insurgés devinrent les prévenus de ce
« mémorable et monstrueux procès d'avril, qui emba-
« rassa si fort la pairie et la royauté. — Condamné à la
« prison perpétuelle à Doullens, Caussidière prit la clé
« des champs lors de l'amnistie Molé. Depuis lors il
« était constamment inquiété par les tracasseries de la
« police et par des visites sempiternelles.

« Il y a quelques jours, lors de son installation à la
« préfecture, l'ancien prisonnier de Doullens fit venir
« tous les commissaires de police de Paris pour leur don-
« ner ses instructions. Il fit à chacun des recommanda-
« tions touchant le zèle, le bon ordre et la diligence
« dans accomplissement de leurs fonctions essentielles.
« Lorsqu'il arriva à M. X..., qui a été jadis constam-
« ment préposé à la surveillance de sa propre personne,
« le citoyen Caussidière ne put réprimer un sourire.

« Quant à vous, lui dit-il, Monsieur, il serait superflu
« de vous faire aucune recommandation ; je sais par
« moi-même comment vous vous y prenez pour être un
« parfait commissaire de police.

« Il le confirma généreusement dans ses fonctions. »

RAPPROCHEMENTS

du *Corsaire* de 1848 et de 1850,

Le *National* a beau faire, la République de Février, pas plus que lui ne se relèveront des révélations de l'intime de Caussidière : ces hommes sont perdus et pour le présent et pour la postérité.

Quelle tache au front de la société française, qui s'est laissée mettre le pied sur la tête par de pareils conspirateurs ! Ce fut la conspiration de Catilina réussie; voilà dans quelles mains Rome fut tombée autrefois, sans le courage des honnêtes gens.

(*Corsaire* du 22 février 1850.)

Requête au citoyen Caussidière, par le CORSAIRE.

—

Paris tout entier, sait que vous êtes préfet de police *énergique et juste*, je crois pouvoir vous dire, sans la plus petite intention de vous brûler un grain d'encens sous le nez, que Paris vous *aime déjà beaucoup*.

Grâce à vos soins actifs, on a promptement remis les pavés en place, les reverbères ont été reposés, il y a des rondes vigilantes à toute heure de nuit, etc.

(*Corsaire* du 28 avril 1848.)

En lisant le livre de M. Chenu, on demeure stupéfait à la pensée que la France a pu être gouvernée, pendant plus de deux mois, par les héros de pareilles saturnales; mais après tout, ses récits, tout en faisant rougir pour l'honneur national, renferment plutôt du scandale que de l'odieux. Nous n'y voyons guère que des gloutons et des ivrognes qui, après avoir fait une révolution dans le seul but de mettre haut en bas, se trouvent ainsi portés à la tête du gouvernement.

(*Corsaire* du 20 février 1850.)

La vigilance du citoyen préfet de police mérite la gratitude des habitants de Paris. Non-seulement il a rétabli l'ordre dans la circulation des rues, des boulevarts et maintenu la sécurité dans les quartiers les plus éloignés, que l'on peut parcourir la nuit comme le jour, sans péril; mais ce magistrat va, dit-on, remettre en vigueur des mesures d'intérêt public trop souvent négligées par l'ancienne administration, etc.

(*Corsaire* du 6 mai 1848.)

Le citoyen Chenu, ex-capitaine des Montagnards de Caussidière, vient de donner au monde un admirable livre sur la crême des révolutionnaires, sur les Montagnards. *L'Assemblée Nationale* en donne aujourd'hui des passages qui laissent bien loin derrière eux les *Mystères de Paris.* Rien n'égale, vous le verrez, les *Chourineurs* de la Montagne. Le livre de Chenu sera le plus grand succès de l'époque. La caverne de Rolando est un temple de vertu à côté de l'Hôtel-de-Ville et de la Préfecture de police occupés par certains vainqueurs de Février.

Oh! l'édifiante lecture! instructive, amusante! et comme elle vient à propos. Si les Parisiens font après elle ou laissent faire un 24 Février, s'ils nomment des socialistes, ils auront mérité le règne du pillage et du partage, annoncés par le plus brillant des satellites de l'opposition.

(*Corsaire* du 17 février 1850.)

On a beaucoup contemplé, lors de l'ouverture de l'Assemblée nationale, le costume du préfet de police. M. Caussidière avait à peu près seul le costume d'ordonnance : habit noir, gilet blanc à la Marat, ceinture tricolore à torsade d'or. Il portait en plus le chapeau pointu des conventionnels, ce même chapeau qu'on voit figurer dans tous les portraits de Barbaroux. Tout cela n'empêche pas Caussidière d'être un excellent officier municipal. La garde nationale tout entière, qui venait de lire sa proclamation, ne se lassait point de faire éclater d'unanimes vivats sur son passage. Un jeune lieutenant s'approcha même de lui et lui serra la main.

« A la bonne heure, dit-il, voilà de la bonne et vraie république ; la liberté, mais l'ordre ; la souveraineté du peuple, mais la loi du devoir ; la fraternité, mais sans exclusion contre telle ou telle clase de la société. Continuez à tenir ce langage, Paris vous bénira. » La veille Caussidière s'était déjà concilié les esprits par une bonne action. Sur la demande de la Société des Artistes, il avait accordé sans examen au citoyen G...., vieillard de 73 ans, une place à l'Hospice de la Vieillesse. Les artistes lui répondirent une lettre de remercîments et d'éloges. L'un d'eux fit même à cette occasion la réflexion suivante : « En voilà plus qu'il ne faut pour lui pardonner son chapeau pointu. »

(*Corsaire* du 6 mai 1848.

M. Caussidière vient de faire, de son côté, une profession de foi franche et loyale, qui lui attirera certainement des voix.

(*Corsaire* du 29 mai 1848.)

La *Presse* demande aujourd'hui pourquoi traîner comme le fait du reste fort habilement M. Chenu, dans la fange des rues et dans la lie du vin, un homme qui, pendant 80 jours, a tenu dans ses mains nos destinées, personnage à qui l'urne électorale donna 127,000 suffrages dans Paris; c'est pour que la vie des bons Parisiens ne dépende pas d'une misérable bouteille de faux cognac, comme sous cette ignoble police du Gouvernement provisoire, qui a si bien fraternisé avec les doctrines des Marat, des Carrier et de la Convention.

(*Corsaire* du 21 février 1850.)

Les intentions et surtout les actions du citoyen Caussidière sont si louables, que nous sommes assurés qu'il prendra en considération certains abus que nous allons lui signaler ; en première ligne nous désigneront des chanteurs en plein vent qui chantent des chansons peu orthodoxes en l'honneur de Napoléon, qui pourtant n'a jamais passé pour un disciple fervent de la liberté.

(*Corsaire* du 2 mai 1848.)

PROTESTATION

DU CITOYEN CAUSSIDIÈRE,

Contre le pamphlet du sieur GRENU.

M. Caussidière vient d'adresser la lettre suivante au rédacteur en chef du *Journal des Débats :*

« Londres, 19 février 1850.

« A Monsieur le Rédacteur des *Débats,*

« S'il vous est permis de reproduire un libelle élaboré sous les auspices de la police, dans une intention électorale facile à comprendre, il ne vous est point permis, selon les lois de l'honneur, d'accueillir et d'appuyer d'infâmes et absurdes calomnies, qui ne tendent rien moins qu'à déshonorer le pays, tout en stigmatisant ceux qui s'y trouvent désignés.

« Je conçois que des feuilles stipendiées pour déverser le fiel des haines politiques sur un parti qui n'a eu pour tort que d'avoir su pardonner et oublier, se soient emparées de cette œuvre et l'aient mise en relief ; mais qu'un ournal sérieux comme le vôtre soit tombé dans un pareil guet-apens, c'est ce dont je ne puis me rendre compte.

« En nous reportant à l'époque dont il est fait mention dans le livre que vous relevez par votre assentiment, nous pourrions rencontrer un tout autre langage dans les colonnes de votre journal. Je n'étais point alors une espèce de monstre jeté par la vague révolutionnaire à la première édilité du monde. J'étais bien réellement

un « magistrat attentif, soigneux de l'ordre, prévenant
« les collisions, âpre au travail, et cherchant à rendre
« la justice à tous. »

« Aujourd'hui tout est donc changé parce que je suis
proscrit ; l'on oublie toute dignité à mon égard ; cela ne
m'étonne pas de la part de ceux qui ont fait *cette œuvre
historique, selon vous;* mais ce qui m'étonne, c'est que
vous en soyez devenu le *panégyriste et l'admirateur.*

« Le sieur Chenu, qui a prêté son nom à l'œuvre qui
vous enchante, sait à peine lire et écrire ; il a été condamné à **HUIT ANS DE TRAVAUX FORCÉS,**
comme contumace, pour VOL et ASSASSINAT dans son
régiment.

« Il vint se cacher à Paris ; et découvert par la police,
il ne fut point envoyé au bagne, parce que M. Pinel l'em-
ployait comme agent provocateur dans l'affaire [des
bombes, où il fit emprisonner et condamner plusieurs
personnes. J'ai dû le chasser de la Préfecture : de là sa
haine, ses menaces, et même ses tentatives d'assassinat
sur ma personne.

« M. Allard pourra vous certifier les faits que j'a-
vance ; je n'ai pas besoin d'ajouter que devant un Tri-
bunal j'en fournirai les preuves.

« Agréez, etc.

« CAUSSIDIÈRE. »

(Extrait de *la Liberté*.)

M. Chenu a contesté formellement ces allégations.
Nous les donnons acte de son démenti en attendant le
débat juridique que semble promettre cette affaire.

PROTESTATION

DU CITOYEN PORNIN,

Contre le pamphlet du sieur CHENU.

Paris, le 20 février 1850.

« Au citoyen rédacteur en chef de la *Liberté.*

« Citoyen,

« Depuis quelques jours les feuilles réactionnaires, la *Patrie* en tête, comme cela lui convient, remplissent leurs colonnes des extraits d'une infâme brochure, lancée au milieu des élections par la même main qui couvrit, l'année dernière, les murs de Paris des affiches Vaute. « Salissons, salissons ! il en restera toujours quelque chose ! » disent les hommes de la police ; et ils ramassent la boue de leur sentine pour la jeter sur les patriotes.

« Citoyen rédacteur, en attendant que les républicains, que le sieur Chenu a essayé de souiller au contact de sa plume, puissent élever la voix pour dénoncer à la conscience publique l'ignoble machine de guerre inventée par le chef des jannissaires du royalisme (la plupart de ces républicains sont dans l'exil ou sous les verroux), je viens déclarer hautement, en plein soleil, pour ce qui me concerne, que le complaisant signataire du libelle des *Conspirateurs* a menti, menti, trois fois menti ! Aucun des faits qu'il m'attribue ne repose sur l'ombre d'une réalité ; faits monstrueux dont l'idée même ne pouvait naître que dans l'imagination d'un esprit corrompu et descendu au dernier échelon de la dégradation humaine.

«Comment! c'est aux Parisiens qu'on ose présenter un pareil tissu de mensonges, aux Parisiens spectateurs ou acteurs du grand drame de Février, et qui n'ont pas oublié la sollicitude, le courage des citoyens qui se dévouèrent bravement au maintien de l'ordre, lorsque la Révolution du mépris eut balayé tous les fonctionnaires gangrenés de Louis-Philippe! Il me répugne de parler de ce que j'ai pu faire; mais j'invoque le témoignage de M. Trevet, directeur du dépôt de la préfecture de police en 1848 (aujourd'hui directeur de la prison de Villers-Cotterets), il pourra dire à qui les employés de la Préfecture, encore en fonction, et plusieurs gardes municipaux ont dû la vie dans la journée du 24 février. J'étais leur prisonnier; je devins leur libérateur.

« Non, ce n'est point pour Paris que ce pamphlet a été écrit; mais on compte sur cette œuvre de débauche pour effrayer et égarer la province. Misérable expédient! Un gouvernement est juge, qui est réduit à descendre si bas.

« Fort de ma conscience, fort de ma vie passée, de ma vie privée, comme de ma vie publique, je détourne la tête et laisse dans la fange le sieur Chenu. Je m'adresse à tous les honnêtes gens. Non, il n'est point vrai, citoyens, que les scènes dégoûtantes, dont la *Patrie*, le *Constitutionnel* les *Débats* et le reste ont savouré les reliefs, se soient passées à la Préfecture de police, sous l'administration de Caussidière; non, il n'est point vrai que vous ayez été un moment sous la menace d'une nouvelle terreur; il n'y a plus de possible aujourd'hui qu'une *terreur blanche*, et celle-là, ce n'est point de nous qu'elle arriverait; non, ces visites à Saint-Lazare, ces orgies, ces saturnales n'ont pas eu lieu; je mets au défi M. Carlier lui-même, qui doit porter quelque intérêt au sieur Chenu, de faire publier dans la *Patrie*, son organe habituel et officiel, une seule preuve à l'appui du moindre des faits que renferme la brochure intitulée : les *Conspirateurs*.

« Que les honnêtes gens, les pères de famille se rassurent donc ! Les monstres que l'on a fait défiler sous leurs yeux ne sont qu'une *fantasmagorie électorale*. Les démocrates n'ont point corrompu la société, messieurs les royalistes ! Ils ne volent pas à la Bourse ; ils ne font pas retentir les tribunaux des éclats de leurs amours adultères ; leurs Cubières et leurs Praslin sont encore à venir ! Et ces malheureuses filles du prolétaire jetées dans l'égoût de Saint-Lazare et qui jouent un rôle si important dans le roman-Chenu, le Peuple sait dans quelle classe se trouvent les hommes qui sacrifient à leurs débauches, qui les ont arrachées du sein de leurs pauvres familles, pour en faire d'abord des femmes entretenues, ensuite des prostituées...

« Salut et fraternité.

« PORNIN,

« Ex-commandant en chef des Montagnards, à la Préfecture de police. »

CONCLUSION.

Maintenant, entrant pour conclure dans un ordre d'idées qui appelle la sévérité de l'esprit et le calme du cœur, demandons-nous encore une fois, et presque en regrettant l'amertume de nos premières paroles, si de pareils ennemis valent la peine que la Démocratie s'irrite ou seulement s'inquiète de pareilles attaques ; si ce délire d'une peur stupide ne mérite pas moins de colère que de commisération. Insensés qui ne comprennent point que dans un pays mouvant comme le nôtre, où les partis sont livrés à de si étranges et si soudaines vicissitudes, il n'y a de sécurité pour les vainqueurs que dans leur respect pour les vaincus ! Sans doute, quand on a sous la main tout un système de compression, quand on peut révoquer à son gré tous les fonctionnaires de l'État, maires, préfets, sous-préfets, juges, instituteurs, quand on peut faire du gendarme le censeur public, qu'on fonde une inquisition hiérarchique sur la plus vaste échelle, qu'on emprisonne le pays dans un cercle de baïonnettes et de canons, nous comprenons qu'on se sente d'humeur à compter sur sa force et à défier l'adversité. Nous comprenons cela. Mais il ne faudrait pas oublier pourtant que des défis semblables ont été portés par des hommes, il faut le dire, autrement intelligents, autrement expérimentés , autrement habiles, autrement forts que ceux à qui nous avons affaire. Or, l'adversité les a toujours acceptés, et 89, 93, 1830, 1848 ont répondu Est-il présumable que les insolents et les superbes seront plus heureux cette fois? Ils peuvent l'espérer comme l'ont espéré leurs devanciers ; mais nous, si les lois qui jus-

qu'à ce jour ont présidé aux destinées humaines ne se dé-
mentent point, nous avons, on en conviendra, quelque
raison d'avoir aussi nos espérances particulières.

Regardons un peu dans l'avenir ; qu'on nous concède
un retour de fortune pour la démocratie, qu'on admette
un moment l'hypothèse de la chute des insulteurs, des
harceleurs, des provocateurs et le nouveau triomphe
des victimes, puis qu'on réponde logiquement, sincère-
ment :

Pense-t-on qu'on puisse compter sur le pardon et l'oubli de toutes ces insultes, de toutes ces taches de boue
et de vin dont, la réaction depuis tantôt un an, flétrit le
visage de la démocratie qu'elle tient sans défense, le pied
sur la gorge ? Nous ne le croyons pas, pour notre part.
Certes, nous avons une foi profonde dans la magnanimité
du peuple, elle s'est suffisamment signalée ; mais nous
savons aussi qu'il est des situations où il faut compter
avec les ressentiments individuels Le Peuple est toujours généreux, c'est sa nature. Le Peuple, c'est la
philosophie, c'est le stoïcisme, c'est Dieu ! Mais il
arrive que les partis se souviennent et se vengent,
surtout quand la clémence les a mal servis une première fois. Voilà ce qui fait le danger de ces luttes
personnelles qui créent des partis dans le Peuple et pré-
parent pour l'avenir des représailles de sang. La Révolution de Février fit arriver au pouvoir un groupe d'hommes et ce fut là son erreur ; elle ne devait faire arriver
que le Peuple et la Liberté. Toujours est-il que ces hommes voulurent du moins s'identifier avec le Peuple, ils
furent grands comme lui, magnanimes comme lui, calmes comme lui. Par un effort héroïque, ils renoncèrent
à leur haines depuis 20 ans amassées, et ce fut peut-être
leur erreur. Ils sont tombés, et ceux qu'ils pardonnèrent
les fusillent, les emprisonnent, les proscrivent et les cou-

vrent d'outrages comme pour insulter à la bêtise de leur magnanimité.

Supposons, comme nous le disions tout à l'heure, un retour de fortune, et la lâcheté, l'aplatissement, joués en février par les hommes qui nous assassinent, sauveraient-ils ces hommes encore une fois? Auraient-ils de rechef quelque chance d'échapper à la vengeance par la pitié, à la haine par le mépris? Voilà la question que posent ensemble la brochure du Cheau et la conduite de la réaction.

L'avenir répondra.

Paris. — Imp. Blondeau, rue du Petit-Carreau, 32.

CANDIDATS

DES

DÉMOCRATES SOCIALISTES DE PARIS
aux élections du 10 mars 1850.

DEFLOTTE, c'est-à-dire A BAS LES PONTONS !

VIDAL, c'est-à-dire VIVE LE SOCIALISME !

CARNOT, c'est-à-dire A BAS LES JÉSUITES !

Protestation du Peuple par DEFLOTTE, au nom des promesses du 10 décembre oubliées;

Protestation du Peuple par VIDAL, contre la négation du socialisme par le pouvoir ;

Protestation du Peuple par le neveu du grand CARNOT, contre la ligue obscurantiste des Jésuites de toutes couleurs; ces trois noms représentent toutes les fractions du parti démocratique !

Serrons nos rangs et le succès de cette fusion intelligente nous apprendra une fois de plus que la force est dans l'union. Marchons comme un seul homme à la bataille, mais plus persévérants et mieux avisés que par le passé, ne déchirons pas nous-mêmes notre drapeau après la victoire! Gardons nos mains unies ! ne brisons pas le faisceau sacré !

PUBLICATIONS DÉMOCRATIQUES

RECOMMANDÉES.

L'ANTI-CONSEILLER, réfutation mensuelle de Lamartine. Un volume de 32 pages grand in-octavo chaque mois. 4 fr. par an ; 40 centimes le numéro.

Rue de Seine, 47.

BIBLIOTHÈQUE DÉMOCRATIQUE

à 5 centimes l'exemplaire.

Le premier numéro, qui renferme deux exemplaires, se vend **10** centimes. Il est intitulé :

UN AN DE POUVOIR.

C'est une revue pleine de verve des faits et gestes de l'année présidentielle.

Rue Guénégaud, 15.

POUR PARAITRE PROCHAINEMENT :

4 Placards avec gravures coloriées à **5 centimes** l'exemplaire :

LE PAYSAN ET LE CURÉ.
LE PAYSAN ET LE PERCEPTEUR.
LE PAYSAN ET LE MAIRE.
LE PAYSAN ET LE CANDIDAT.

Paris. — Typ. BLONDEAU.